Jean d'ANNEZAY

Au Pays des Massacres

Saignée Arménienne de 1909

Prix : Un Franc

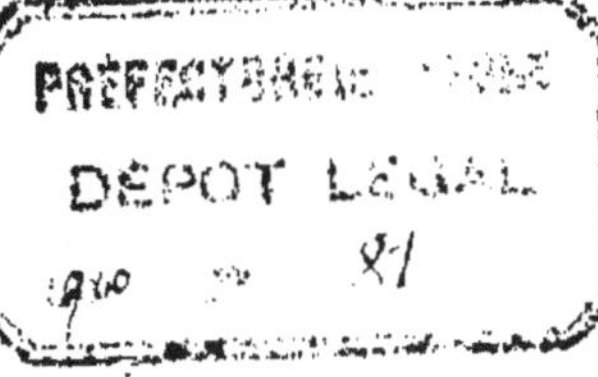

BLOUD et Cie, Paris-6e

JEAN D'ANNEZAY

Au Pays des Massacres

SAIGNÉE ARMÉNIENNE DE 1909

PARIS (VIe)
BLOUD & Cie, Éditeurs
7, PLACE SAINT-SULPICE, 7

1910

PRÉFACE

« Est-il vrai qu'aux abords du XXe siècle, à cinq jours de Paris, des atrocités aient été impunément commises — couvrant tout un pays d'horreur — telles qu'il ne peut s'en concevoir de pires dans les temps de la plus noire barbarie ?

Est-il vrai que le nombre des victimes se doit chiffrer par dizaines et vingtaines de mille ?

Est-il vrai que les gouvernements d'Europe aient assisté avec indifférence à cet effroyable spectacle et n'aient rien trouvé de mieux à faire, quand le pillage, l'assassinat en masse, le viol, l'incendie, les supplices faisaient rage, que de discuter avec le chef d'Etat responsable de ces horreurs ?... ».

Oui tout cela est vrai des massacres d'Arménie, très vrai ; et ces phrases n'expriment pas des doutes, mais des cris d'indignation dans la pensée de leur auteur ; car nul mieux que lui n'a connu et compris ces égorgements, et l'on n'en peut trouver une analyse plus saisissante et plus exacte que celle-ci qui est la sienne : — « On invite les Arméniens à déposer leurs armes, on les menace de mort s'ils n'obéissent pas ; le vali leur garantit pleine sécurité et aussitôt qu'ils sont sans défense, Kurdes, Circassiens, Turcs, conduits par des Redifs, des Hamidié, des officiers de l'armée régulière — si un tel mot peut être ici d'usage — se ruent sur les maisons, pillent et incendient les boutiques, égorgent tout être de la race haïe, sans distinction de sexe ni d'âge, violent les femmes ou les emmènent, se récréent dans les tortures infligées aux hommes pour leur faire abjurer leur foi, souillent les églises, écorchent ou brûlent les prêtres, et promènent par dérision les nouveaux convertis sous les pierres de la foule après les avoir préalablement circoncis et leur avoir imposé les actes qui attestent le reniement de leurs croyances. Enfin, quand il n'y a plus d'hommes à tuer ou de filles à violer, on contraint à coups de bâton les survivants à signer des adresses au Sultan, où ils se reconnaissent les auteurs des désordres, déclarent que ceux qui ont trouvé la mort ont été justement frappés, remercient le souverain de sa clémence... », etc.

Justement ému de l'inertie des puissances européennes devant de telles horreurs, le même écrivain peut donc à bon droit s'écrier :

« La vérité est connue et la tartuferie de nos diplomates d'Orient ne peut plus abuser que des complices de l'universelle lâcheté...

Il faut en prendre notre parti et subir la honte d'avoir toléré ces choses sans mot dire. Nos gouvernants n'ont rien fait et ne font rien encore aujourd'hui pour empêcher le retour de cette sauvagerie... ».

L'on ne saurait vraiment mieux dire, et après avoir proclamé la nécessité de la justice et de la paix pour les Arméniens, nous ne pouvons que nous joindre à l'auteur indigné des lignes précédentes pour crier avec lui :

« Qui sera le peuple affranchisseur, le peuple humain, par le verbe et par l'acte? A quel pays cet honneur? Au siècle dernier tous les hommes d'une voix unanime eussent désigné la France...

Que faisons-nous aujourd'hui? ».

Mais qui donc parle ainsi? qui donc parle si juste, si noble, si bien? qui?... Je vous le donne en cent, en mille... : M. Clemenceau!

Seulement alors, car il y a treize ans de cela, et il s'agissait des massacres de 1895, M. Clemenceau était député de l'opposition.

Et il n'est plus du même côté de la barricade.

Aussi lorsque hier, étant devenu roi de France, les massacres ont recommencé, il a oublié son beau geste et ses belles phrases, et empoisonné par le virus du pouvoir, il a fait ce qu'avaient fait les autres, ce qui le révoltait si fort chez les autres : il s'est croisé les bras en regardant assassiner un peuple.

Après tout, ses propres actes à lui importent peu, car les ministres responsables devant le pays, passent; mais la France responsable devant l'histoire demeure, et c'est le geste de la France qui importe.

Or la France qu'a-t-elle donc fait pendant qu'on massacrait les chrétiens d'Orient? Rien.

Et c'est pour cela qu'elle finit — après avoir été tout là-bas — par n'y être, hélas! presque plus rien, en attendant de n'y être plus rien du tout.

AU PAYS DES MASSACRES

ALEXANDRETTE. — Au profond golfe bleu, blanche, la petite ville s'étale, et derrière montent les montagnes, enfermant au bord de la mer ville et vallée, silhouettes pâles et hautes dans le ciel.

Tant de villages ont été détruits aux environs, d'ici à Antioche, que j'ai tout l'embarras d'un triste choix. Pour aller à Nahr-Gezlik, hameau caché là-bas dans un pli de la montagne, à grand'peine puis-je, dans la ville encombrée de réfugiés arméniens, trouver des chevaux et un guide. Encore quel guide ! Un grand garçon sauvage de vingt ans dont les jambes nues battent à chaque instant la charge aux flancs de sa maigre jument sanglante de taches de henné. Sans cesse lancé au triple galop dans les sentiers pierreux, il se contente de tourner de temps à autre un menton dédaigneux pour voir si le Roumi, ce chien de chrétien auquel il voudrait bien faire accidentellement casser la tête, le suit.

Et nous courons ainsi à travers une grande plaine toute baignée de lumière et dorée de moissons qui fuient en ondulant jusqu'aux collines bleues. Des femmes qui engerbent déjà se dressent soudain à mon passage, posant leurs belles silhouettes colorées sur la toile de fond des montagnes. Il y a tant de sérénité dans l'atmosphère, tant de joie dans la lumière, quelque chose de si heureux dans ces grandes lignes d'or éployées vers l'horizon, qu'on se demande si c'est bien possible, bien réel, des massacres dans un tel lieu.

... Les cimes continuent à rester lointaines, quoique nous ayons déjà quitté la plaine pour une autre région coupée d'arbres et de ruisseaux, sorte de fantastique et d'immense verger, où des forêts d'arbres fruitiers émergent des orges mûres, des blés verts, des champs de pavots, des vignes rampantes ; tout cela coupé de buissons de lauriers-roses et de haies d'églantines blanches dont les milliers de corolles dispersent une odeur sucrée. Pêle-mêle et sans fin, ce sont des oliviers, des figuiers aux feuilles luisantes, des grenadiers fleuris : vert et pourpre ; des abricotiers enfin couverts d'innombrables petits fruits (les fameux « Michmich » de Syrie) qui sèment d'or à profusion leur feuillage comme un précoce automne. Et ces vergers sommeillent dans un calme absolu, la paix de l'amoureuse saison les berce, et midi les endort. Nul mouvement, nul bruit que l'harmonieux balancement des moissons, le ruissellement continu de l'eau vive et tous les chants d'oiseaux qui disent l'hymne de gloire du printemps d'Orient.

Et nous galopons toujours dans les étroits et tortueux sentiers qui se succèdent, semblables par le luxe des haies embaumées et des mauvaises herbes qui sont d'éclatantes fleurs ; dégringolant les ravins, éclaboussant au fond les flaques d'eau, fouettés par les hauts buissons de lauriers-roses qui étalent une exubérance de roseurs satinées, jamais vue.

Enfin, nous voici aux premiers plans de la montagne. Les pentes s'étirent ou s'affaissent devant nous comme une étoffe inégale, boisées en vert sombre de pins d'Alep, avec çà et là de longues coulées de moissons frissonnantes. Là-haut, plus qu'à mi-chemin, presque à la cime, Nahr-Gezlik, dans un repli, est amoureusement caché.

Toujours aucun indice des massacres... Ah ! enfin ceci : dans un défrichement au milieu des pins, une pauvre petite charrue de bois qui gît renversée, puis l'aiguillon à bœufs jeté à terre, puis le sol longuement piétiné autour du sillon à jamais inachevé... Petits riens qui disent tout un drame.

... Maisonnettes blanches gaiement disséminées dans la verdure, voici surgir les villas des Européens et des consuls qui, l'été, viennent ici fuir la chaleur de la plaine et boire un peu d'air frais aux cimes ; maisons encore fermées par chance, et qui ont ainsi échappé au massacre. Plus loin s'étage le village arménien où une longue chaussée, surplombant de profonds ravins, vous mène ; mélancolique chemin bordé d'un pêle-mêle confus de petites stèles de pierre, qui peu à peu se font moussues, puis penchent, puis tombent, et se laissent recouvrir par les buissons de chênes-verts, de caroubiers et de lauriers-roses ; mélancolique avenue où d'humbles tombes vous accompagnent.

Oh ! le désastre ! le voilà soudain : une maison béante, éventrée, noircie, dressant ses quatre murs nus jadis blancs, où la fumée et la suie ont fait de longues traînées noires comme des voiles de crêpe ; à l'intérieur, une masse de décombres : pierres roussies, poutres calcinées, terre effondrée du plancher supérieur d'où sortent encore des fumerolles. Et au-dessus, à la place du toit disparu, l'implacable, le splendide, le souriant azur ! Éblouissante tristesse qui tombe d'en haut sur ce petit espace ruiné qui fut une maison, un foyer, un centre d'activité et de vie.

En sortant, quelle admirable surprise m'arrête au seuil, émerveillé : un horizon immense se creuse, s'étend, s'étale jusqu'à la mer ; glisse des pentes boisées de la montagne jusqu'aux vergers ombreux, jusqu'à la plaine étendue sous la lumière, jusqu'à la ville minuscule qui semble un enfantin joujou, jusqu'à la flotte qui semble prolonger la ville jusqu'à la mer. Au delà, le grand horizon bleu pâle de l'océan étend son rêve... Pourtant, comme elle devait être douce ici, la vie; quel asile de joies simples et de paix charmante retiré au cœur de la montagne et enfoui sous les arbres, sous ces arbres et ces vignes qui pendent par places maintenant en guirlandes brûlées. Je ne me souviens pas d'avoir rencontré jamais de site plus idyllique ; on pourrait seulement reprocher à celui-ci d'être presque trop joli, trop arrangé, avec sa montagne, ses nids de verdure, ses ruisseaux d'eau diamantée, sa vue infinie vers la mer. Mais quel constraste entre ces ruines désolées et leur cadre presque intact d'arbres en fleurs ou en fruits, et de vignes grimpantes.

A travers les vergers, les jardins, les sentiers de printemps, hier si fréquentés, aujourd'hui déserts, je m'avance vers d'équivalents spectacles. Mêmes débris partout : murs seuls debout, noircis ou croulants; décombres intérieurs couvrant peut-être des cadavres; ruines chaudes encore et par endroits brûlant les pieds. Puis l'horrible éloquence des petits détails : humbles placards fouillés, brisés ; lamentables chiffons qui furent des robes et gisent déchirés, brûlés, épars. Et sur les murs blanchis, parfois, une fusée de gouttelettes brunes qui sont du sang... Pas un meuble, pas une planche sauve : on a tout brûlé, brisé, enlevé, et tant furent grandes la fureur et la haine qu'on a mutilé même des arbres.

Dans les murs, des trous béants où les incendiaires ont cherché des trésors absents : hélas! tout le trésor de ces pauvres gens c'était la tranquillité de leurs foyers heureux. Là gisent quelques colonnettes de marbre, utilisées comme soutiens, témoins mélancoliques des civilisations passées qui s'établirent un jour aussi dans ce site exquis, épaves de désastres semblables à travers le temps. Et sur toutes ces ruines noircies et béantes tombe du ciel profond un épouvantable silence ; rien ne vit plus, rien ne vit plus quand on écoute, que les petits grillons de l'âtre sous les pierres ruinées...

Maintenant, je traverse les ravins vers un autre hameau qui se dresse en poste d'aigle sur une saillie de la montagne. Depuis deux semaines que nul n'y passe plus, le mince sentier est presque recouvert par l'expansion folle de la végétation printanière. Buissons de chênes-verts, viornes, érables aux feuilles étoilées, taillis de lauriers-roses barrent la route ; il faut écarter ou briser les frêles liens végétaux, les caresses de verdure qui se sont jointes. Repris un instant par le charme du lieu, je m'arrête à entendre au fond de ce gouffre d'exubérante végétation un ruisseau cascader sur les pierres avec des intonations de flûte.

Hélas! ironie des constrastes, c'est dans ce paysage enchanteur, au milieu des buissons d'églantiers et de lauriers-roses qui sembleraient fleuris pour des retraites amoureuses, c'est là que les femmes et les jeunes filles affolées ont passé des heures mortelles d'attente et d'angoisse, pendant que les hommes se faisaient tuer longuement pour leur donner le temps de fuir. Et, comme en témoignent maintenant tels débris de robe qu'on rencontre déchirés et souillés de sang; c'est là, dans ces belles cachettes de fleurs que, trop souvent surprises, elles furent massacrées, et pire encore, hélas !... jeunes femmes et jeunes filles dont on a retrouvé les corps par les sentiers...

Toujours pareilles, les maisons; ayant les mêmes visages de mort, muettes dans leurs charmants jardinets d'orangers que l'abandon flétrit déjà, entourées de prodigieux buissons de roses, d'églantiers, de lauriers, de vignes folles, de mûriers ombreux, intacts sauf quand se frôlant à eux, le feu a pu saisir le bout d'une branche; mais la flamme s'est vite éteinte dans la sève.

D'un seuil un chien se lève, il n'aboie même pas, puisqu'il n'a plus rien à défendre, et c'est un pauvre chien lamentable et maigri, obstinément attaché à ces débris morts, quand même fidèle.

Et toujours ce silence, que ne rompent plus un cri, un chant, un souffle. Seules, les tourterelles qui roucoulent égrènent leurs voix douces dans l'après-midi qui s'endort...

Voici qu'il faut enfin s'arracher à ce calme mortuaire qui vous pénètre et vous imprègne, partir, car le soir vient; et, derrière nous, l'ombre descend les pentes de la montagne veloutée de champs d'orge et de pins.

. . . .

MERSINE. — La baie est pleine de requins, dos gris, nageoires en forme d'ailes qui affleurent les vagues. On m'explique pourquoi, car je ne comprenais pas : les cadavres ! les milliers de cadavres, qui depuis deux semaines descendent le Sarus, et plus loin le Cydnus et l'Oronte, leur offrent d'immenses festins de chair humaine. Les marins d'escadre inoccupés, accoudés aux bastingages, en voient journellement passer, même quinze jours et trois semaines après (ceux qui sont restés accrochés en route aux lauriers-roses). Ils flottent ballottés par la vague, nus, gonflés, épouvantablement mutilés.

Sur l'eau aujourd'hui d'azur lisse, les cuirassés sont immobilisés devant Mersine; formidables et sombres, semblant de petites villes de métal gris, ils tendent vers les quais leurs longs canons comme des doigts sévères qui menacent... mais ils ne frapperont pas. Cependant ils intimident et ils rassurent; la ville et les vergers environnants sont pleins de réfugiés qui s'écrasent à l'abri de leur protection illusoire. Peut-on dire pourtant qu'ils ne fassent rien ?... Non ! ils dansent ! A la société de Mersine ils offrent des bals — sans doute de consolation. Et pendant qu'on valse sur le pont, les pauvres corps mutilés passent en dessous, à fleur d'eau, au clair de lune... Cela peut s'appeler littéralement : danser sur des cadavres. Et c'est à cela pourtant que s'est borné le rôle de nos navires en Orient.

...Un chemin de fer, premier tronçon de la future ligne de Bagdad, mène aujourd'hui à Tarse, puis Adana. Il glisse dans une immense plaine couverte de moissons jaunies, peuplée de jolis groupes d'arbres, coupée de torrents à sec encombrés de lauriers-roses; belle campagne heureuse et miroitante de lumière, bordée d'un côté par la grande chaîne lointaine du Taurus : pentes voilées de rose et de mauve, cimes de neige; de l'autre par la mer resplendissante jusqu'où va l'ondulement du blé. Peu à peu la plaine s'élargit, la mer devient invisible, mais on continue à la deviner au rayonnement qu'elle met dans le ciel. Etonnamment fertile et cultivée d'inattendue façon cette plaine, avec des airs d'Egypte que lui valent la richesse et la beauté de sa lumière. Pays hier vierge encore, aujourd'hui en plein essor, terre nouvelle! Des machines agricoles travaillent çà et là, et récoltent; on gratte à peine le sol, on sème à la diable, mais si féconde est la terre que pour recueillir l'excès des moissons il faut l'aide des puissantes machines. Le long de la voie, des moissonneuses lèvent tour à tour leurs grands bras tranchants, et couchent doucement à terre les gerbes régulières. Des toits rouges de fermes paraissent, enlevant un peu de pittoresque au paysage, mais lui ajoutant quelque chose de plus familier et de plus confiant; un je ne sais quoi d'européen flotte dans l'air. Voyons, voyons, avec cette activité qui a repris si tôt, ces instruments modernes, ce chemin de fer « héraut du progrès », comment se croire au seuil du pays des massacres ?

Au bout d'une heure Tarse apparaît, patrie de ce Saül, qui, avant de devenir saint Paul, rêvait d'exterminer tous les chrétiens! Est-ce l'influence de cet illustre patronage, toujours est-il qu'à travers les siècles, elle a sans cesse joui d'une réputation de fanatisme qui me semble jusqu'aujourd'hui y inclus bien méritée. Petite ville orientale quelconque, coupée de rafraîchissants ruisseaux, et cachant en son cœur de sombres et miroitants bazars... Une grande place déserte, avec un filet d'eau où jouent des enfants nus, au fond une mosquée qui fut une église jadis, et dont les murs virent dans d'autres temps bien des massacres, et derrière s'étend ce qui reste, ou plutôt ce qui fut le quartier arménien.

Des façades de maisons dressées ou croulantes béent livides ou noircies, tarées par le feu, la chute ou le pillage. Des coffres-forts éventrés révèlent tel amas de ruine comme une maison de commerce. Plus loin ce sont des tas de laine d'un cardeur qui couvent encore le feu, et fument avec une épouvantable odeur de toisons roussies. On a tout brûlé et volé, y compris le bois des portes, des fenêtres et des placards. Sauf des chiffons souillés de sang et des lambeaux de livres, pas le moindre objet n'est resté. Et cela pendant des rues et des rues, barrées çà et là par des collines de décombres qu'il faut escalader tant bien que mal.

Seule subsiste à l'extrémité du quartier une église que son isolement a préservée; mais si elle a échappé aux tentatives d'incendie on ne lui a pas épargné le pillage. Extérieurement, elle semble donc intacte, mais au dedans, quelle ruine! Plus rien aux murs, les vitres sont brisées, les bancs en miettes, les lampes écrasées sur le sol avec leur cerne d'huile comme des fleurs grasses dans leur sève; les tableaux décrochés, lacérés, piétinés; les livres de piété et les Evangiles déchirés; la balustrade du chœur rompue; l'autel renversé, défoncé, dépecé à coups de hache; le tabernacle gît éventré. On n'y trouverait pas le moindre objet indemne, c'est un carnage en règle de choses inanimées, où s'est épuisée une fièvre de destruction, un long acharnement de colère.

Dans la cour, quelques familles réfugiées vivent, à l'abri des arbres, sur des coussins, des tapis, des matelas sauvés du désastre; il y a même une petite tente. Des hommes, grimpés dans les mûriers, secouent une grêle de mûres violettes, qui s'écrasent aux pavés comme des gouttes d'encre, et les enfants se jettent dessus avidement... car ils ont faim.

De retour à la gare, je trouve une bande d'orphelins de quatre à huit ans, parqués sous la protection de deux soldats turcs, arme au bras, soldats qui peut-être ont massacré les parents mêmes de ces petits. Mais la discipline étant rétablie, — on l'assure du moins, — ils servent maintenant de gardiens à ce petit monde, protection qui n'est pas inutile, me dit-on, bien des fanatiques étant très capables de tuer encore, — en passant, — un de ces pauvres bébés chrétiens, tant la fureur du meurtre est lente à s'apaiser au cœur de l'homme.

Ah! ce groupe d'enfants recueillis, ici et là, parmi les morts et les décombres, petits êtres absolument seuls au monde, et si faibles au milieu de tant de haine d'abord, et d'indifférence ensuite, quelle pitié en émane! Chez nous, on dirait qu'il leur reste la société, mais en Turquie, la société n'existe pas, pas plus que les orphelinats; alors que vont-ils devenir, non seulement cette poignée de quarante, mais les quatre cents qu'on a récoltés déjà?

Les voici assis, immobiles, et chose extraordinaire dans la psychologie enfantine, muets; ni pleurs, ni plaintes, mais aussi pas un mot, pas un rire. Le silence sur toutes ces petites bouches qui devraient être babillardes; on sent qu'ils ont encore peur... Leurs yeux sont fixes, et, comme beaucoup ont vu hurler leurs mères ensanglantées, leurs regards semblent pleins de réminiscences horribles. Ils paraissent endormis, abrutis, on dirait qu'au bout de deux semaines, à un âge où les impressions durent si peu, celle-là fut si violente, qu'ils ne sont pas réveillés encore de l'épouvantable cauchemar. Empreinte terrifiante dont leurs âmes enfantines sont marquées pour toujours. Il y a surtout une petite fille qui frotte machinalement sa jambe en regardant étrangement dans le vague, comme une chose qu'elle verrait toujours et ne comprendrait pas encore. Peut-être bien qu'elle est folle...

Dans la salle de la gare, près du guichet, j'avise de bizarres traces le long du mur, c'est devenu brun, presque noir, mais je crois comprendre tout de même. « Oui, me dit le chef de gare, oui, c'est un des premiers Arméniens massacrés. Cette grosse éclaboussure coagulée, mêlée même d'un peu de cervelle, c'est le coup de massue qui a fracassé le crâne, et cette longue fusée de gouttelettes au long du mur, c'est quand on a tranché la gorge pour l'achever ».

Vraiment, je ne savais pas que les artères lançaient notre pauvre sang humain à une telle hauteur, car les suprêmes gouttes ont jailli jusqu'au plafond... Mais voici encore des traces de balles brisant les vitres, trouant les portes, étoilant les cloisons à travers lesquelles on cherchait à fusiller les Arméniens qui s'étaient réfugiés dans les salles d'attente...

... Le train roule vers Adana; dans la campagne miroitante et dorée défilent d'interminables caravanes, des centaines de chameaux liés à la file, qui portent du blé aux pauvres affamés, à la ville qui meurt de faim là-bas...

J'ai pour voisins trois riches Arméniens, vêtus à l'européenne, des échappés du massacre qui se décident enfin à revenir. Chez l'un, gros homme jovial, l'amour de la vie a pris le dessus sur tout le reste, il a échappé, tout est là; mais un autre, un vieux à l'air hébété, ne veut plus entendre parler de ces épouvantables journées. Quand on l'interroge, il secoue les mains en signe de dénégation, sans répondre. Il a vu de telles horreurs qu'il en est tremblant, courbé, jauni, vieilli à jamais. Par instants, il ferme les yeux comme pour échapper à une obsession terrible, mais il a cela sous les paupières, le malheureux, et soupire accablé. Le troisième, lui, regarde fixement à travers les vitres; ses maxillaires serrés tremblent dans ses joues creuses, il pétrit nerveusement son mouchoir sur son genou. Son voisin me souffle qu'il a tout perdu, tout, « plus de 800,000 francs », m'assure-t-il, magasins immenses brûlés et pillés entièrement. Longtemps, il ne répond que distraitement, par monosyllabes; mais à la fin il explose de colère : ses meubles, ses marchandises, son bien, ah ! il sait où ils sont : éparpillés chez des gens du peuple d'abord, mais surtout, oh ! c'est ça qui le tient au cœur, chez des riches musulmans, chez des notables de la ville, chez un tel, un tel, un tel, qu'il cite et montre du doigt, tant il les voit. Même son voisin X..., qui se disait si bien son ami, a été le premier à piller, et quand les Turcs eux-mêmes lui ont en fait l'observation, il a répondu cyniquement : « Puisque cela doit être, autant à moi, son ami, d'en profiter que d'autres ».

— Mais pourquoi ne les dénoncez-vous pas ? — Ah ! pas encore, pas encore, murmure mon Arménien soudain calmé, je suis sujet ottoman, voyez-vous, — et tout bas, — je préfère encore ma vie.

Pourtant, l'émotion, l'excitation du retour rendent bavards. On me dit quelles étaient les espérances de ce beau pays qui s'étend sous nos yeux, où des bandes de femmes, aux vêtements de couleur, travaillent en ligne dans les moissons d'or. Ces moissons, si belles qu'elles soient, ne sont qu'un des moindres produits, la vraie richesse c'est le coton, les vers à soie et la vigne... Tout cela arrêté pour bien longtemps, fini pour beaucoup, pendant que les Turcs récoltent et triomphent... Et voici les fermes ruinées qui apparaissent, nous voilà en plein pays de massacre; désormais, d'ici jusqu'aux montagnes, jusqu'aux plus lointains horizons, et davantage encore dans toute la province d'Adana, ce ne sont qu'incendies et ruines. Dans ces fermes des environs, on sait ce qui s'est passé, mais au delà on l'ignore, on y tue encore et la campagne est si dangereuse qu'il est impossible d'y pénétrer. Parmi ce vaste pays dont on est presque sans nouvelles, dans l'émouvante solitude des campagnes, des scènes atroces, pire que tout ce qu'on peut rêver, se sont passées... Un de mes voisins se lève au passage d'un grand bâtiment muet et mort : sa ferme ! On la dirait surprise à midi dans le silence de la sieste, mais cette sieste c'est l'éternel repos pour ses habitants. Là, vivait le père, la mère, trois grands fils, dont un marié, avec deux bébés; tous ont été tués, tous sauf la jeune femme. Hélas ! mieux eût valu qu'elle l'eût été, car elle vient de revenir, la malheureuse, renvoyée par ces misérables quand ils en ont eu assez, quinze jours après... Les massacres, une semaine ou deux plus tard, eussent été bien plus considérables encore, car des milliers d'Arméniens désarmés seraient descendus dans la plaine pour la moisson et, d'autre part, ce sont ces grandes étendues de blés hauts qui ont servi de cachette aux rares survivants.

Enfin, voici les « vignes », terme emprunté à l'Italie et qui désigne de charmantes ou toutes humbles maisonnettes éparpillées dans les vignobles; petits asiles de repos dominical, théâtre des joies de famille et des grandes fêtes des vendanges, cachés sous l'exubérance des pampres et des arbres fruitiers, et qui, maintenant, au milieu de leurs jardinets intacts et des vignes éployées, dressent leurs murs noircis et leurs fenêtres vides.

Adana! On aperçoit déjà les campements des sinistrés. A la barrière, une jeune femme à cheval, la consulesse d'Angleterre, attend les secours que le train apporte chaque jour. Ah! ces alentours de la ville encombrés de réfugiés, quelles visions de misère ils offrent. Ici, là, et plus loin, et partout, dans les terrains vagues, les champs, les vergers tout stridents de cigales, sont épars quinze ou vingt mille êtres humains dénués de tout. Ces jours derniers, on leur a donné quelques tentes où ils se serrent l'un contre l'autre à étouffer, mais c'est peu de chose pour tout ce monde, le reste couche en plein air, à terre, sous les arbres ou sous des manteaux étendus pour les préserver de la rosée. Car, après l'accablante chaleur des jours d'Orient, une fraîcheur glacée tombe dans la plaine des montagnes neigeuses, pénètre tous ces pauvres corps de citadins habitués au confortable, ces corps affaiblis de misère, exténués de chagrin, où la douleur veille. Et les maladies les déciment. Si cela devait durer longtemps, il n'en resterait bientôt plus, car ils tombent comme mouches, cent cinquante, même deux cents par jour, des fièvres, de la dysenterie, et peut-être du choléra. Leur nourriture aussi y contribue, car, mourant littéralement de faim, surtout les premiers jours, ils n'avaient guère pour se rassasier que des fruits alors à peine mûrs ou des herbes. On voit bien des misères en Orient, mais jamais je n'en avais vu de pareilles. Figurez-vous d'immenses campements de bohémiens, — et souvenez-vous que ces gens furent riches, — la plus lamentable cour des miracles que l'on puisse rêver, mêlant aux faces navrées et aux haillons invraisemblables, des vêtements souillés, mais riches encore, et des visages délicieux. Voici des types d'une race qui est peut-être la plus belle du monde dans la jeunesse, avant que l'âge n'ait trop accentué le profil et durci les traits; voici des jeunes filles inoubliablement belles aux cheveux sombres, au teint pâle, aux yeux immenses, au front candide serré dans un foulard, à la nuque frêle et pure, modèles d'idéales madones, sérieuses d'ordinaire et aujourd'hui mortellement tristes. Elles marchent souples dans leurs grands pantalons roses, ou bleus, ou jaunes serrés à leurs pieds nus, et leurs petites vestes délabrées. Beaucoup sont assises dans les branches des abricotiers vastes comme des chênes, et secouent pour les petits frères d'en dessous les rameaux somptueusement lourds de fruits d'or. Et, çà et là, pendues aux branches, par files quand les arbres s'y prêtent, de frêles barcelonnettes se balancent où toutes les jeunes mères endorment leurs bébés.

Mais si le charme de ces scènes vraiment idylliques au fond des grands vergers, si le pittoresque des costumes pouvait un instant donner l'illusion d'une grande fête, il n'y aurait qu'à regarder ces pauvres gens au visage pour y lire toutes les douleurs. Même pour bercer les enfants, il n'y a plus de chants au cœur des mères, pour bercer ces enfants qui sont destinés à faire de la chair à massacre un jour. Jamais je n'ai vu une impression de plus grand abandon moral, de plus complet désespoir, et d'autant plus poignante qu'elle ne frappe pas quelques individus, mais qu'elle courbe tout un peuple. Ils l'ont dit eux-mêmes : « Ne nous considérez pas comme vivants; ceux qui ont survécu à ce malheur n'ont plus ni sang, ni corps ; nous ne savons plus ce que nous sommes devenus, nous sommes des morts vivants » (1). Nul bruit de foule ; tout ce monde vit accablé et comme condamné au silence ; leur inaction forcée les tient en tête à tête avec leurs horribles souvenirs. A leur détresse s'ajoute encore la rage de voir passer des bourreaux insolemment enrichis de leurs dépouilles et faisant sonner dans leurs mains des pièces d'or ou d'argent arrachées, hélas ! aux chevelures des femmes. Ah ! cette population consternée, ces gens pâles d'épouvante et muets de terreur près d'un mois après. Ah ! l'air vaincu des hommes, qui fait mal, et l'air honteux des femmes bien plus lamentable encore. Celles-ci rôdent mornes, en quête tout de même de quelque chose pour leurs petits qui crient la faim. Ceux-là gisent allongés enterrés sous leurs haillons comme sous leur désespoir, impressionnants par leurs attitudes de cadavres anticipés, cherchant un refuge à l'oubli dans le sommeil, écrasés d'ailleurs par cette immense lassitude qui suit les grandes fatigues et les trop fortes émotions. Alors me revient aux lèvres ce sauvage proverbe arabe que je sens si vrai d'eux tous : « Mieux vaut être assis que debout, couché qu'assis, mort que couché ». Oui, cela leur vaudrait mieux peut-être d'être morts, car ils ont souffert tant d'angoisses sans avoir échappé irrémédiablement et pour toujours. Cette nuit il a suffi d'une alerte, d'une fusillade de patrouille sur des rôdeurs, — car la ville est en état de siège, et l'on ne peut sortir après sept heures : — il a suffi de cela pour affoler ces vingt mille cœurs, pour faire passer sur tous ces corps soudain redressés un frisson de peur, pour pétrir toutes ces chairs d'une sueur d'épouvante, pour faire pleurer tous les enfants. Si les massacres recommençaient !... On dit bien que les troupes sont sûres, que ce sont les meilleurs soldats de Salonique, mais est-on jamais sûr avec les Turcs ?... C'est que ce serait plus horrible que tout, cette fois, une boucherie d'êtres parqués sans abri et sans défense... Ils attendent donc, blottis et

(1) *Les massacres*. Soc. du Mercure de France, p. 161.

peureux, et « ce qui leur reste de vie chancelle entre la peur et la faim » (1).

Et l'avenir, pour ces familles mi-détruites, pour ces individus isolés, n'ayant plus rien au monde que le vêtement qui les couvre, tant fut complet l'anéantissement de leurs foyers, l'avenir, quel est-il ? Est-ce possible que sans rien, que le désespoir, ils puissent refaire leurs vies, reconstruire leur ville ? Et quand même, est-ce pour que cela recommence demain ? Comme on comprend alors ce cri désespéré de l'évêque grégorien (2) d'Orfa, en 1895, maudissant le vali et lui écrivant avant de mourir, de mourir en se coupant les veines :

« Puisque tu as détruit mon peuple, *puisqu'il n'y a plus personne sur la terre qui veuille le défendre*, je vais rejoindre les victimes dans le sein du Seigneur ».

Ah ! qu'ils prennent garde, les Turcs, à ce que les Arméniens qu'on ne peut tuer tous, car c'est un peuple trop vivant et trop nombreux, ne sortent un jour de leur inertie morale, ne se lassent de tendre le cou ; qu'ils prennent garde à ce que l'angoisse universelle qui a pétri ensemble tous les cœurs de tout ce peuple ne soit bien forte pour faire monter en eux, comme un levain amer, un immense désir de vengeance, de révolte, qu'on ne saurait encourager ni approuver, mais qui serait juste tout de même. Encore tous ne sont pas sauvés parmi ces hommes. Le conseil de guerre en interroge chaque jour, en emprisonne beaucoup suspects de s'être défendus. Et comme, pour satisfaire l'opinion européenne, il faudra bien pendre quelques Turcs, peut-être se réserve-t-on la consolation de leur adjoindre des Arméniens, et de faire ainsi des exécutions mitigées... (3) ; pourtant, s'il existe en Turquie un cas de légitime défense, un seul, n'est-ce pas, je le

(1) *Massacres d'Arménie.* Soc. du Mercure de France, p. 72.

(2) Grégorien, c'est-à-dire schismatique.

(3) Les faits ne m'ont que trop donné raison. La première cour martiale qui a fonctionné jusqu'à la fin de juillet, et dont le président a fini par être destitué, a paru se donner pour tâche de terroriser les débris de la population chrétienne, et de lui rendre la vie intolérable. C'étaient journellement des arrestations arbitraires, sur la moindre dénonciation, et l'on a même vu, paraît-il, la condamnation à mort d'un Arménien par contumace... pour la bonne raison que depuis plusieurs années il était mort déjà.

Aussi tous n'ont-ils plus qu'une idée : aller mendier leur pain n'importe où, mais fuir cette terre maudite. Ceux qui en ont encore le moyen s'exilent ; les autres mangent, lentement, dans la misère leurs derniers sous, puis se font mendiants.

Tant qu'aux exécutions, la plus sensationnelle a été de neuf Turcs et — je le pensais bien — de six Arméniens. Pour être juste, il aurait fallu élever à peu près autant de potences qu'il y avait de musulmans dans la ville, et commencer par les autorités.

demande, celui où traqués, brûlés, fusillés, vous vous voyez livrés à des supplices affreux, et vos femmes, et vos filles, et vos sœurs exposées aux plus épouvantables violences...

... Il y a autour d'ici des ambulances établies par les autorités turques, le consul d'Angleterre, les Pères Jésuites, les Sœurs françaises. J'en visite une, mais ce ne sont pas les plaies qui sont les plus horribles misères, ni les souffrances les plus grandes douleurs. Pourtant voici un pauvre enfant auquel on fait l'extraction d'une balle sans doute, et qui pousse des cris impressionnants comme si on le tuait. Et je songe qu'il y a eu des clameurs faites de milliers de cris semblables, et plus terribles encore, car la voix de l'enfant reste douce, mais combien plus tragique est le hurlement suprême de l'homme! Les Sœurs, qui ont vécu des heures bien terribles, elles aussi, mais semblent l'avoir oublié, passent admirables de douceur, dévoilant les plaies mais les calmant d'un mot, d'un sourire : « Tenez, ce petit de quatre ans qui, comme un vétéran, a son coup de baïonnette au côté ».

D'hommes, peu ou point, car il n'y a pas eu de quartier, et quant aux femmes, dit la sœur, en me montrant un groupe de faces livides, « voilà, vous comprenez »...

Oui je comprends... et je m'en vais; je vais au quartier arménien, croisant de larges brutes aux têtes ignobles, qui ont commis toutes ces horreurs, et dont les yeux orgueilleux et féroces s'en vantent; puis des soldats en guenilles, pieds nus dans des babouches, visages de bandits. Il est midi; du haut d'un minaret, un muezzin chante; s'il ne félicite pas, comme lors les massacres de Sivas, le peuple d'avoir bien massacré, du moins il clame avec un tremblement de fougue la gloire d'Allah.

Voici le quartier brûlé : Eh bien! c'est vraiment pire que ce que j'avais pu imaginer, ce sont de ces effroyables réalités qui dépassent toute conception. Voici un quartier, et ce quartier était une ville, complètement détruit, en totalité et dans chacune de ses parties; pas une maison intacte, et dans chaque maison plus un toit, ni une porte, ni une fenêtre, ni un escalier, ni un pallier, ni un meuble. Des murs livides béants par en haut et par toutes leurs ouvertures, sur le ciel d'azur; à l'intérieur, l'effondrement en collines de décombres informes. Accrochées en l'air ou sortant des cendres, des solives calcinées, des poutres de fer tordues, des rampes d'escalier en tire-bouchon, des lits de fer dorés qui sont devenus de la vieille ferraille. Et ne vous imaginez pas des cahutes orientales de briques et de boue effondrées ainsi, mais de belles maisons de pierre, des demeures de riches, des constructions à l'européenne, et même des monuments : le palais épiscopal, le collège des Jésuites, l'école des sœurs de Saint-Joseph, le collège arménien, l'église arménienne, le temple protestant, la mission protestante, l'église grecque et tant d'autres qui gisent en miettes. Entre elles, au demeurant, il n'y a plus de différence d'architecture, toutes sont pareilles : le désastre leur a fait une égalité de débris.

Accumulez les images de toutes les catastrophes réunies, joignez à l'incendie le tremblement de terre, la collision de chemin de fer, le sac d'une ville, et vous aurez au juste l'idée de cette complète et invraisemblable destruction. J'ai vu des photographies de Messine, c'était terrible, mais ce n'était qu'un colossal bouleversement qui laissait bien des choses intactes. Tandis qu'ici il ne reste rien de rien que murs et cendre; ci-gît Adana!

La ruine est tellement complète qu'il n'y a même plus de détails dans l'horreur. La rage apportée à détruire les moindres objets subsistants, à déchirer les vêtements et les livres est incroyable; un souffle de destruction vraiment diabolique a passé sur cette ville, c'est le chef-d'œuvre du génie du mal.

Chez les Jésuites, au milieu des décombres, la bibliothèque effondrée n'offre plus que des milliers de pages lacérées avec un tel acharnement qu'on n'en trouverait peut-être pas une entière.

Dans les églises, les livres saints sont mis littéralement en miettes. Et dans les rues, mêmes débris avec qui jouent les courants d'air. Un de ces chiffons de papier sur lequel je marche me saisit le regard par son en-tête : « Doit et Avoir » que suivent des bataillons de chiffres. Petit détail, mais qui en dit long tout de même sur l'irrémédiable d'un tel désastre. Comment suppléer à ces destructions, refaire ces livres de commerce; que de ruines, quel arrêt dans la vie économique si prospère de cette ville toute commerçante. Et ceci n'est qu'un détail matériel de peu d'importance, d'autant plus que celui auquel appartenait ce livre, comme tant et tant d'autres, n'aura plus besoin jamais probablement de relever ses comptes d'ici-bas.

Au milieu de cela, comme toujours, les contrastes navrants qui donnent toute leur perspective aux malheurs : la splendeur de l'azur, la fête du soleil sur ces débris, et puis tous les pigeons si nombreux dans ces villes d'Orient qui se sont envolés aux heures de flammes, mais qui sont revenus fidèles à leurs toits écroulés, dont les voix passionnées roucoulent éperdument partout et qui se gorgent d'amour dans ces ruines.

A ma suite, des Arméniens se sont glissés dans ce lugubre quartier, où ils redoutent encore de pénétrer. Dans ces amas informes ils recherchent la place de leurs maisons, et beaucoup ne les retrouvent plus. Silencieux, ils errent comme des revenants ou des fantômes, pâles, maigres et muets, avec des airs de chiens craintifs.

Ils regardent ces décombres, qui furent leur foyer, d'un œil sec mais mort; ils n'ont pas une plainte, mais on sent qu'ils n'ont plus aucun espoir, aucune confiance dans l'avenir. On dirait que tout semble fini pour eux dans l'existence. Quelques-uns emportent des débris de bois demi-calciné pour faire un peu de feu dans les campements; ils ont ainsi le crève-cœur de brûler eux-mêmes ce qui reste de leurs maisons et de leurs meubles. Ils ramassent aussi, tels des chiffonniers, des haillons sanglants ou noircis qui, dans leur indigence absolue, sont encore de précieux restes. J'en rencontre même quelques-uns qui se sont aventurés en groupe au cœur des ruines. Ils passent des cendres au crible, comme on fait du blé, cherchant de l'or ou des bijoux enfouis; mais en admettant qu'ils n'aient pas été pillés, la violence du feu les aura sans doute consumés.

Maintenant que la stupeur du premier aspect laisse place à la réflexion et que je puis observer, je devine bien des péripéties de la lutte; voici telle maison où l'on s'est défendu, car la façade est tout étoilée de balles; telle porte est criblée de coups de feu, comme celle du collège arménien, d'où la foule chassée par les flammes était fusillée au fur et à mesure qu'elle sortait. En vaguant dans les cours désertes, je m'approche d'un de ces puits communs aux intérieurs orientaux. Je me penche, ah mon Dieu ! quelle épouvantable, quelle inoubliable odeur sort de cette sinistre bouche d'ombre; odeur qui vous pénètre et vous poursuit, vous empoisonnant la respiration pour des heures! Penser que ce sont des corps humains comme le nôtre, des corps de force, de vie, de beauté, d'amour qui pourrissent là. Et beaucoup d'autres puits sont pires, comblés de cadavres jusqu'à la margelle, empoisonnés à tout jamais.

Dans la rue qui me conduit hors, enfin, de ce quartier de cauchemar, une grande fillette, qui me tourne le dos, est assise à même les pavés, la tête dans les genoux, les épaules soulevées comme par un effort rythmique et continu. Qu'est-ce qu'elle fait toute seule là ? D'abord je ne comprends pas, mais en approchant je vois : Elle sanglotte en silence, et c'est la violence de ce profond et silencieux chagrin qui la secoue tout entière. Qui pleure-t-elle ? sa maison ? ses parents? Pire encore sans doute, car en la touchant à l'épaule je vois, sous le masque tordu d'avoir tant pleuré et gémi, qu'elle était bien trop jolie pour que des brutes lui aient fait grâce. Cette enfant écroulée au milieu d'une rue où l'on ne passe plus, jamais je n'ai rien vu d'aussi lamentable, et ce désespoir que je touche me fait comprendre enfin que tout ce que j'ai vu, si horrible soit-il, n'est rien auprès de ce qui a eu lieu. C'est le calme du cadavre assassiné, lugubre je le veux, mais qui n'est rien auprès de l'horreur même du meurtre. Oh! c'est l'agonie de ces journées de massacre qu'il eût fallu voir, l'agonie de milliers d'âmes, de toute une ville, les faits eux-mêmes enfin : gerbes de flamme, coulées de sang, cris de lutte et de mort, et, la nuit, le bruit sourd des portes défoncées, puis les plaintes, et non pas les résultats : ruines refroidies déjà et silencieuses. Et je comprends alors ce mot qui m'avait choqué, je l'avoue, d'un des religieux qui ont si vaillamment porté le poids, non de leurs propres angoisses, mais de tous ceux qu'ils avaient recueillis... « Revivre ces journées-là ! j'aimerais mieux mourir tout de suite ».

***

... Eh bien ! les revivre, nous, essayons-le, non dans toute leur atrocité, car il est des choses qu'on entend là-bas, dans la fièvre de surexcitation générale, et qu'on ne saurait ni écrire, ni même redire, horreurs qu'on voudrait chasser de son souvenir, et qui vous hantent à jamais; non, mais au moins dans ses grandes lignes refaisons l'historique de ce nouveau massacre, avant d'en chercher les responsabilités.

Arméniens et musulmans vivaient en bons termes, ces derniers plutôt sous la dépendance des autres, qui tenaient tout le haut commerce et représentaient l'élément travailleur et riche de la ville. Si grande était la sécurité, même dans la campagne, qu'une femme pouvait s'y promener seule à toute heure, qu'une jeune fille pouvait aller tranquille aux vignes. Bien plus, un travailleur musulman supportait d'être frappé par un contre-maître arménien, et les temps semblaient à tout jamais oubliés où les chrétiens devaient s'incliner en passant devant le Turc ou lui céder l'ombre. Cependant une certaine effervescence musulmane se manifesta, causée par quoi, préparée par qui, nous le verrons; si bien constatée, d'ailleurs, quoiqu'elle s'efforçât de rester secrète, que l'évêque grégorien, outre des avertissements personnels au vali ou gouverneur de la province, crut bon d'en prévenir directement les autorités turques de Constantinople. Certains journaux publièrent même sa lettre, mais on prit bien garde d'en tenir compte.

L'occasion nécessaire au mouvement pour aboutir, fut ici le meurtre de deux Turcs par un jeune Arménien. Deux fois outragé et attaqué par ces mêmes Turcs, deux fois éconduit de chez le gouverneur avec un déni de justice, il s'était, faute de mieux, décidé à se la faire lui-même. A la troisième occasion, il sortit son revolver, tua l'un des agresseurs raide, blessa l'autre mortellement et prit la fuite. Malgré les circonstances atténuantes, ce meurtre de deux Turcs par un chrétien causa dans le parti musulman une émotion considérable. A l'enterrement du blessé, qui mourut au bout de quelques jours, les imans prononcèrent de violents discours, surexcitant les passions de vengeance et de haine religieuse. Les représailles, comme on pense, ne se firent pas attendre. Deux chrétiens sont tués le lundi de Pâques, le lendemain, un autre; des gens prudents quittent la ville. Le 13 avril se passe dans un calme apparent; on croit à une simple vengeance. Le 14 arrive, dès le matin plusieurs Arméniens sont massacrés. Grand émoi et, comme au moindre trouble dans un pays sans police et où les violences sont fréquentes, la vie commerciale s'arrête; les étalages sont précipitamment rentrés, les boutiques fermées, les verrous grincent. Une députation se rend chez le vali pour lui demander justice et protection; ce misérable, âme damnée d'Abd-ul-Hamid et ancien chef de sa garde, parle d'assassinats accidentels; et c'est là l'horrible de son rôle, à lui qui sait tout et qui a tout préparé, il conjure d'éviter une panique, de ne pas suspendre la vie économique, engage à rentrer tranquille chez soi, à rouvrir; prie, console, rassure, et beaucoup rouvrent, les malheureux!

A midi juste, — au moment où l'angélus tintait chez les Jésuites, — éclate soudain, à un mot d'ordre, une fusillade terrible dans les bazars. A travers les rues, des gens sanglants fuient affolés, droit devant eux, et sur leurs talons, les Turcs se ruent haletants déjà d'ivresse, le front ceint du sinistre turban blanc, qui leur sert à se reconnaître. Ceux qui peuvent parvenir au quartier arménien, ville dans la ville, s'enferment chez eux, le cœur battant derrière la porte. La fusillade crépite; tous ceux qui se trouvent hors du quartier, soit dans leurs boutiques aux bazars, soit dans les rues en course, sont tués sans exception, sans pitié. On s'acharne sur eux, on les traque toute l'après midi... Vers le soir cependant une accalmie; après la joie de tuer, le bonheur de piller, — tout l'idéal de la brute orientale. Hommes, femmes, enfants se chargent à qui mieux mieux de marchandises et de dépouilles, et courent les bras pleins d'étoffes précieuses, emportant tout, ne laissant rien, rien, rien.

Les soldats, où sont-ils? Au premier rang de la tuerie et du pillage, et le gouverneur laisse s'accomplir un coup si bien préparé.

Dès le soir même du massacre, quoique n'ayant là aucun national, le consul d'Angleterre était sur les lieux; et le lendemain et les jours suivants, soit chez le vali, soit dans les rues, qu'il parcourt à cheval, il se multiplie. Peut-être, s'il eût été secondé par ses collègues, eût-on pu arrêter les massacres aussitôt, d'aucuns l'ont cru; mais à la honte commune et particulièrement à la nôtre, qui avions deux écoles et plusieurs nationaux à protéger, il reste seul, personne ne se souciant de le rejoindre. On croirait qu'un consul, et surtout un consul de France, est là pour payer de sa personne dans ces circonstances tragiques; c'est une erreur. Un de ces personnages consulaires auxquels on aurait timidement donné des conseils de bravoure, aurait dit : « Je suis inviolable, c'est très joli, mais qui peut répondre de me faire respecter par ces brutes-là, et puis vous ne pensez pas aux balles perdues ». Ce propos est-il authentique ? Je ne sais, mais il a été pensé et c'est trop. L'exemple des chefs est contagieux et j'ai entendu moi-même le drogman du consulat de France, à Tarse, se vanter d'avoir su prendre la fuite à temps. Il paraissait très fier de son habileté... Les balles, certes, on y est exposé en voulant s'interposer, le consul d'Angleterre en reçoit une dans le bras droit, qu'il tient levé pour apaiser; balle d'Arménien, jurent les Turcs, de Turc protestent les Arméniens. Quoi qu'il en soit, cet homme qui songe qu'il est seul à soutenir ici la réputation européenne, — on disait franque jadis, — continue à parcourir les rues, le bras en écharpe, secondé par sa femme, qui recueille les fuyards et soigne les blessés avec autant de dévouement que de courage. Mais, seul, livré à lui-même, sans appui moral, il ne peut rien que sauver quelques malheureux, — ce qui est déjà beaucoup, — et grandir ici le renom de l'Angleterre, — ce qui est plus encore.

Heureusement pour notre honneur qu'un peu de sang français a tout de même coulé là-bas; il est vrai que ce n'est que celui d'un Jésuite, blessé chez les sœurs, sur lesquelles aussi on a tiré. Le P. Sabatier, quand nous le voyons, porte encore à sa robe la trace de la balle, car tout ayant été brûlé, il n'a pas d'autres vêtements. Et, modestement, en assurant que ce n'est rien, il remonte sa ceinture sur ce qu'il appelle « la cicatrice de sa soutane ». Tout de même, un centimètre de plus à droite, il était mort.

Deux jours pleins, du 14 à midi au 16 à midi, dure la fusillade; tous les magasins sont d'abord pillés, puis les maisons isolées forcées en faisant sauter les serrures d'un coup de feu. Puis, on s'attaque aux abords du quartier arménien, qui s'est barricadé et se défend. C'est un véritable siège; les assaillants, plus nombreux, mieux armés, mais à découvert, subissent des pertes. Une mosquée, dont les Arméniens se sont emparés, devient le centre d'une résistance opiniâtre. Bien des rues sont forcées, bien des maisons prises ; mais des enceintes, des rues entières résistent, et l'on ne parvient pas au cœur du quartier. A partir du troisième jour, la fusillade s'éteint, l'on n'entend plus que des coups de feu isolés. Les massacreurs s'arrêtent enfin, parce qu'au bout de quarante-huit heures ils sont las de courses, de coups, de meurtres, de luxures.

Beaucoup de femmes, d'enfants, d'hommes aussi, se sont réfugiés dans les couvents et les écoles, sous la protection des pavillons européens qu'on a hissés à bout de hampe. Frêle et étonnante défense que ce chiffon de couleur vibrant en l'air, mais qui suffira tout de même, et que des brutes qui n'ont rien respecté respecteront. Pendant huit jours où la mort les tient à la gorge, ils restent enfermés dans ces écoles, vivant des heures d'angoisse dont chacune peut être la dernière. Ils sont de six à huit mille chez les Jésuites, trois mille chez les Sœurs, partout ailleurs dans la même proportion, tellement nombreux — chaque place est précieuse car elle représente peut-être une vie sauve — tellement serrés qu'ils restent sans pouvoir circuler, se coucher, ni s'asseoir pendant toute une semaine.

Détail affreux ! mais qui seul montre quelle misère ont souffert même ces heureux survivants, ils vivent avec leurs excréments sous eux. Et ce ne sont pas des paysans d'Orient qui ont supporté cela, mais une population riche, et habituée à toutes ses aises. Tout de même certains n'ont pu y tenir, et sont sortis en préférant risquer leur vie. Pendant les deux premières journée de fusillade, toute cette foule n'a rien mangé ; ensuite on a pu lui procurer un peu de pain ; et sous ce lourd soleil d'Orient, pour toutes ces bouches serrées d'angoisse, séchées de peur, l'eau même était parcimonieusement distribuée. Enfin, au bout de huit jours, la ville semblant à peu près calme, par crainte des épidémies que les odeurs pestilentielles pouvaient provoquer, on les renvoya de force affaiblis, exténués, mourants de peur.

Mais qui a commis ces massacres ? On a parlé des Druses naturellement, des Kurdes et des Tcherkesses, quoique les uns n'habitent pas la région et que les autres y soient une infime majorité. Que les Druses soient descendus piller dans les campagnes, c'est probable, c'est certain ; mais en ville il n'y en avait pas. Non, c'est le bas peuple qui a tout fait, cette lie qui remonte toujours à la surface dans les jours troublés ; puis les bachi-bouzoucks, paysans des environs dont le pillage est l'idéal de toute la vie ; et enfin et d'abord et surtout les soldats : aussi bien les réguliers mêmes d'Adana, que les rédifs ou réservistes de Tarse appelés en toute hâte. Quoique très suspect lui-même le commandant militaire aurait dit en les recevant : « J'ai demandé des soldats, non des voleurs et des brigands » ; c'était les peindre. Néanmoins on les arme et les voilà de suite mêlés aux massacreurs. Mais devant la défense des Arméniens le peuple s'exaspère. Ceux qui n'ont pas d'armes en veulent. Malgré l'énergique résistance de quelques très rares officiers restés sûrs, et avec l'aide des soldats , on s'empare du dépôt d'armes ; à cette nouvelle le vali, chez qui se trouvait un Européen, fait semblant de perdre la tête ; il arpente son divan en disant : « Nous sommes perdus, perdus ! » Au fond il jubilait. La réussite dépassait ses espérances.

Peu à peu le calme se fait, mais quel calme ! Plein d'horreur, car on ne peut oublier les milliers de deuils, les milliers de cadavres qui jonchent les rues. Il y en a par endroits des monceaux, de véritables barricades et qu'il faut escalader tout de même tristement. Un Jésuite qui eut le courage de sortir pendant l'émeute me montre un ruisseau où littéralement le sang coulait, comme l'eau après une pluie d'orage.

Tous ces cadavres, qu'en faire ? On les laisse d'abord ; puis on emporte des charrettes pleines de corps mutilés, ensanglantés, qu'on noie dans un lit de chaux. Surtout on les jette à la rivière, qui les charriera lentement de rive en rive au gré des courants jusqu'à la mer où les mouettes les becqueteront, où les requins se chargent de les faire disparaître. Malgré leur voracité, ils ne peuvent tout engloutir, il y en a trop, et l'on verra des corps qui s'en iront échouer jusqu'à Chypre. D'autres restent longtemps, longtemps dans les rues qu'ils empoisonnent, décomposés, foisonnant de mouches. Tel est demeuré devant la porte d'une mosquée jusqu'à ce que l'iman se soit plaint enfin de l'odeur qui l'empêchait de passer.

Et dans les rues se voient des scènes d'acharnement hideux sur les cadavres ; les enfants leur crèvent les yeux, piquent les joues devenues molles avec des baguettes, puis s'attèlent pour les tirer par les pieds comme des charognes.

Les Turcs sont riches et les chiens sont gras !

Sur ces entrefaites les navires européens sont arrivés, le commandant anglais du « Triumph » vient à Adana ; c'est un homme froid, habitué aux visions de désastre, il a vu Port-Arthur aussitôt après le bombardement, et pourtant il ne peut cacher son émotion.

Viennent aussi les commandants des cuirassés français, le 24 avril. Ils escortent, encadrent, protègent, peut-être après l'avoir mis en branle, le consul de France, dont c'est la première apparition depuis dix jours de massacre en cette ville où nous avions pourtant des écoles françaises et des nationaux. Ensemble toujours, ils se rendent chez le vali, où les commandants indignés parlent haut, et rendent le gouverneur responsable de l'avenir. Langage qu'il eût fallu tenir dès le premier jour, à condition d'être à même de pouvoir le soutenir par des actes. Avouons pourtant que ces démarches firent plus de mal que de bien, si même elles ne sont pas la cause de ce qui suivit. Habilement le vali les exploita en disant qu'on était venu lui rendre une visite de politesse; quant aux menaces, on les jeta sur le peuple comme des tisons sur le bois sec pour attiser sa haine et l'enflammer de nouveau. Il ne demandait que cela, car beaucoup n'avaient pas eu leur part ou leur saoul de meurtre ou de pillage; et l'avant-goût ou l'exemple les rendait plus ardents. Bref, douze jours après le premier massacre, deux jours seulement après la visite de nos représentants, le second massacre commence, faisant sinon plus de morts que le précédent, du moins plus de désastres irrémédiables et plus de ruines.

Et chose honteuse pour des nations qui se disent civilisées, éprises d'idéal de justice et d'humanité, nos navires ne bronchent pas. Je vous dis qu'on aurait pu massacrer jusqu'au dernier homme, sans qu'ils aient débarqué un marin, ni tiré un coup de canon. Les officiers en serraient les poings de rage, mais l'ordre était formel de ne pas bouger tant que nos nationaux ne seraient pas menacés. Pour les Arméniens « c'était bien triste », mais c'était tout. Il eût fallu agir de concert, or l'entente était impossible ; quant à agir seul, c'étaient des complications diplomatiques; et il ne faut point de don quichottisme. D'ailleurs les nations ne rougissent pas. Et si c'est une honte pour un homme de se cacher lorsqu'on assassine son voisin, il semble qu'il n'y ait point de déshonneur pour de puissants pays à aller voir massacrer toute une race. L'on était entre soi, n'ayant rien à se reprocher les uns aux autres, et l'on a fait sur toutes ces choses un silence prudent et vraiment merveilleux. Ah! qu'on songe pourtant à la position épouvantable de ces gens, massacrés par leurs concitoyens, avec l'appui des autorités, abandonnés par les puissances, n'ayant personne au monde qui s'intéressât même d'eux. Eux certes ont le droit de nous maudire, et ne s'en privent pas. J'ai entendu bien des choses dures et qu'il faut accepter sans répondre, parce qu'elles sont trop méritées. Mais bien plus éloquentes que les reproches et que les plaintes sont les bouches muettes des morts, tordues du cri suprême.

Et ce sont pourtant des hommes et des chrétiens, que nous hommes et chrétiens nous laissons ainsi massacrer, devant nous, quand nous pourrions si bien l'empêcher, à l'aurore du xxe siècle. Des hommes non, mais tout un peuple, car ce n'est pas seulement trente mille aujourd'hui, c'est cent mille hier — oh! je sais qu'on l'a oublié — il n'y a pourtant que treize ans; et d'autres centaines de mille auparavant encore fauchés d'une façon presque régulière et périodique, comme si à l'aide de ces sanglantes coupes réglées on voulait empêcher la race de s'étendre d'abord, et la tuer enfin peu à peu dans la souche. Laisser ainsi anéantir un peuple, c'est pire qu'une lâcheté, c'est une complicité, c'est un crime de lèse-humanité; et qui sait si cela ne pèse sur les destinées des nations comme un anathème?...

Sur l'assurance que la tranquillité était rétablie définitivement et l'ordre formel du vali de livrer les armes, sous peine de passer au conseil de guerre, les malheureux Arméniens, confiants surtout dans notre présence qui devait être une garantie de sécurité, se désarmèrent. Et comme beaucoup voulaient se réfugier à Mersine — chose horrible, à peine croyable — on leur fit interdiction de quitter la ville, et on les arrêtait à la gare. C'était les clouer au supplice par un comble d'injustice et de cruauté. Cette fois donc étant désarmés, le quartier sans défense fut envahi de toutes parts, les maisons prises d'assaut avec des péripéties atroces, et seuls, ou à peu près, purent échapper au massacre, ceux qui s'étaient réfugiés dans les couvents et les écoles européennes. Cela — je le répète parce qu'il faut bien le redire — le 26 avril, deux jours après le passage de nos représentants, leurs remontrances et leurs menaces.

Les soldats naturellement — des Arabes envoyés de Beyrouth pour rétablir l'ordre et je crois même un contingent d'Andrinople — étaient cette fois encore à la tête du mouvement. Soudain, comme le siège des maisons n'allait pas assez vite au gré de ces forcenés, une épouvantable idée traversa leurs cerveaux fertiles en imaginations mauvaises : le feu. Le quartier arménien formant ville, cela n'offrait point de danger pour leurs propres habitations ; et au moins entre les flammes et les balles on était bien sûr que tout y passerait. Comme incendier tout un quartier n'est pas commode, l'on avisa d'un beau moyen. Les pompes furent amenées, emplies de pétrole, et ces instruments, destinés à éteindre le sinistre, le lancèrent en flots d'essence qui devenaient des gerbes de flammes. On aspergeait longuement les façades, insinuant par une porte ou une fenêtre des jets meurtriers dans les maisons; éclaboussant les silhouettes qui apparaissaient affolées et qui dans leur fuite à travers les débris fumants s'allumaient bientôt, se tordaient dans une longue flamme hurlante, puis s'affaissaient.

Au fond, l'on avait une arrière-pensée : le feu, c'était le seul moyen d'atteindre les écoles défendues par leur drapeau, et les foules qui s'y enfermaient. Ah! sentez-vous l'angoisse de ces milliers de gens parqués là, auxquels des terrasses on criait « le feu vient! le feu vient! » et qui savaient la mort embusquée derrière la porte. Car les soldats guettaient le fusil en joue. Il y avait deux expectatives à choisir : les flammes ou les balles, et pas d'issue.

Au seuil de l'école arménienne c'est une boucherie horrible : on fusille et l'on égorge tous ceux qui sortent; leurs cadavres montent les uns sur les autres, et barrent presque la porte. Beaucoup, des femmes surtout, préfèrent encore être brûlées vives que de tomber entre les mains de ces misérables, et l'on retrouve leurs corps tordus et calcinés sous les décombres.

Le feu vient, il gagne l'école protestante américaine. Deux missionnaires comprenant que c'est la vie des réfugiés serrés dans leur cour qui est en jeu, montent sur les terrasses pour combattre l'incendie, et essayer de l'arrêter. Cela ne fait pas l'affaire des musulmans, et l'un après l'autre ils tombent frappés de balles, martyrs de leur dévouement.

... Le feu vient, il gagne le collège des Jésuites, où la plus grande foule — huit mille âmes peut-être — s'est amassée, tellement nombreuse et serrée qu'un Père qui veut sauver les vases sacrés est obligé de traverser la cour en marchant sur des épaules. Voici les flammes qui lèchent le haut des murs, la fumée serre les gorges convulsées, la chaleur devient intolérable. Instant d'agonie suprême! Les prêtres, un moment, prient pour ce peuple qui doit périr dans toutes les souffrances physiques et morales, puis ils étendent les bras sur ces gens trop serrés pour s'agenouiller, et de toute leur force, de toute leur âme, ils font les gestes qui pardonnent, ils sauvent pour l'éternité ceux qui semblent perdus ici-bas. Puis, mourir pour mourir, ils sortent; ils précèdent, guident et sauvegardent la foule qui se rue sur leurs pas. Derrière eux, le pavillon aux trois couleurs semble s'évaporer dans une gigantesque flamme; alors, ces humbles soutanes deviennent pour une heure la personnification du pays, et des drapeaux vivants; ils couvrent cette foule qu'ils ont vraiment sauvée et la mènent presque entière, avec une chance inouïe, chez les sœurs, puis chez le vali lui-même. Et celui-ci, interloqué, n'ose plus les faire massacrer dans sa cour.

L'incendie, horrible complice rouge des massacres, court rapide sur les toits. Ce feu qui est pour les uns un lit de mort affreuse, est pour les autres un feu de joie. Il semble qu'à mesure qu'il grandit, la passion du meurtre s'exalte dans ces âmes sauvages. Elles montent au paroxysme de la haine et de la rage. Toujours pire, toujours pire! le crime s'exaspère. Les maisons qui s'écroulent, les rues où l'incendie accourt sont pleines de scènes si odieuses que les meurtriers, surpris par le feu, y succombent parfois, victimes de leur acharnement.

Nous ne voulons pas, nous ne pouvons pas tout dire, tout ce que nous avons entendu, tout ce qui est vrai. Qu'on se persuade donc que nous sommes au-dessous de la vérité, et qu'il nous est impossible de faire passer dans ces lignes l'émotion et l'indignation ressenties.

Il y a eu des gens liés et jetés aux flammes; d'autres arrosés de pétrole et allumés; d'autres écorchés, découpés, dépecés, et leur cœur accroché à l'étal des bouchers. Hier encore échouait sur la plage de Mersine le corps d'une fillette de dix ans réduit à l'état de tronc, n'ayant plus ni tête, ni bras, ni jambes, et toute la ville pouvait le voir. Les gens étendus à terre étaient éventrés avec un pieu, d'autres étaient crucifiés sur des portes ou des planches. Des enfants sur les genoux de leurs mères, liées et folles, furent coupés en tranches « comme des concombres », me dit un vieil Arménien; à d'autres, les soldats disent : « embrasse le bout de mon fusil, et je te ferai grâce », et pendant que les pauvres petits approchent leurs lèvres, le coup de feu les renverse, faces sanglantes; à des bébés, on a coupé les mains dans leurs berceaux.

Aux femmes, on arrache le lobe des oreilles pour avoir leurs pendants, on coupe les doigts pour avoir les bagues serrées; quand elles résistent, on leur coupe les mains ou les seins, ou même on les fait sauter vives avec une charge de poudre, et l'on en a éventré d'enceintes. Devant les parents et les maris liés, et qu'on ne tuera qu'après, ces misérables assouvissent tour à tour, sur les jeunes filles et sur les femmes, leurs passions infâmes. Il y a de pauvres affolés qu'on fait apostasier en leur promettant la vie sauve, et quand on les a vaincus moralement, on les tue.

Et tout n'est pas fini; quand ils sont morts, on les mutile honteusement. Les enfants eux-mêmes s'exercent pour les massacres futurs, se penchent sur les corps et les lardent de coups de couteaux aux bons endroits. Ne pouvant plus tuer, on frappe les cadavres, et, avec une férocité de bêtes fauves, on s'y acharne, on les dépèce.

Tel est l'historique de ces « glorieuses » pour l'Islam. Et pour qui me traiterait d'exagération, qu'il me soit permis de rappeler comme exemple trois petits épisodes des massacres de 1895.

« A Diarbékir... on mène les femmes à l'abattoir, et on les saigne comme des veaux... on fait asseoir les hommes, ligottés, et sur leurs genoux on coupe leurs enfants en tranches. Le consul de France assure qu'un chrétien eut trois enfants ainsi taillés sur ses genoux, puis on lui dit en riant : « Va-t'en pleurer chez ton consul ! » (1).

« A Trébizonde, après avoir déchargé leurs pistolets sur le boucher Adam et son fils Karchim, les assassins entrèrent dans la boutique, tombèrent sur les blessés et se mirent à les dépecer. Ils arrachèrent les bras, les jambes, la tête, mirent en pièces les deux troncs, en suspendirent les morceaux aux crocs, et les montrant aux passants, ils criaient : « Que demandez-vous ? Des bras, des jambes, des pieds, des têtes ? Achetez, c'est à bon marché ! » (2).

« A Orfa. Début ordinaire, classique. Quelques musulmans parcourent les rues en accusant les giaours d'attaquer les Turcs. La troupe, sortant des casernes, arrive. Elle fait des mouvements étranges comme sur un terrain de manœuvres, chasse peu à peu les Arméniens des quartiers excentriques, pour les réunir, les masser au centre de la ville où le massacre sera plus aisé. Alors commence le carnage, le dépeçage des corps, les viols hideux. Sur la place, quantité de jeunes filles, leurs vêtements arrachés, sont vendues aux Kurdes par lots. Le lendemain, trois mille de ces malheureuses se sont réfugiées dans la cathédrale, portes fermées, se serrant au pied de l'autel, auprès de Dieu. Les assas-

---

(1) *La Politique du Sultan*. M. V. Bérard, p. 61 et suiv.
(2) *Les Massacres d'Arménie*. Société du Mercure de France, p. 31.

sins brisent les portes à coups de hache, puis une fois entrés ils tuent les enfants, les filles dans les bras de leurs mères. Bientôt, fatigués de tuer, tellement couverts de sang qu'ils n'étaient plus reconnaissables, ils s'avisent d'un épouvantable expédient pour activer... Ils courent chercher du pétrole. Fatalité terrible, il y en avait cinquante caisses dans la cour de l'église ! Ils les défoncèrent. Les trois mille malheureuses furent lentement brûlées, tandis que, grimpés sur l'autel, des mollahs, mains levées, remerciaient et bénissaient Dieu... » (1).

Mais jusqu'où les massacres se sont-ils étendus ? On l'ignore. Pas de nouvelles précises de ces vastes campagnes où la fureur du meurtre s'est déchaînée. On sait seulement que les musulmans et les montagnards trouvant là, à loisir, l'assouvissement de leurs séculaires passions de meurtre, de vol et de luxure, il y a eu des scènes atroces et pas de quartier.

Passons donc seulement en revue les villes dont nous savons des faits certains :

A Tarse, le massacre a éclaté à l'annonce de celui d'Adana, contagion de carnage rapide comme une traînée de poudre. Les autorités n'ont rien tenté pour l'empêcher. Mersine, au contraire, n'a été sauvée que par l'admirable énergie de son kaïmakam, parcourant sans cesse les places, calmant, rassurant, menaçant, sévissant, debout, partout et toujours, pendant huit jours et huit nuits. Mais quels jours d'angoisse pour cette ville, quelles nuits horribles où l'on couchait tout habillé, l'oreille tendue, le cœur battant aux moindres bruits de la rue. C'est qu'un rien eût suffi à déchaîner la violence populaire. Hier encore c'était deux agressions, aujourd'hui une tentative d'incendie à l'auberge qui se décore du nom d'hôtel, détails insignifiants, mais qui prouvent la surexcitation des esprits ; et cela même après l'apaisement de quinze jours passés, malgré la cour martiale punissant de mort immédiatement et sans appel, en dépit de l'escadre qui est à deux encablures. Hier aussi un bandit arrêté dans la campagne, où il avait vraiment trop assassiné, n'eut-il pas l'audace de dire en riant à ses gardiens devant le palais même du gouverneur : « Déliez-moi donc seulement cinq minutes pour voir comment je vais tuer tous ces chiens-là ! » Or, ces chiens-là, c'étaient nous autres chrétiens, qui, par pitié pour son visage noirci de sang coagulé et ses lèvres tremblantes de soif, lui avions fait passer un verre d'eau qu'il avait bu. On sent vraiment parfois de telles poussées de haine monter aux yeux louches de ces gens qu'on en est troublé ; ce sont des brutes qui ont senti le sang, et ne se consolent pas d'en avoir manqué leur part.

---

(1) *Au milieu des Massacres*. M. Carlier, p. 152-153.

Alexandrette, elle aussi, a connu des journées terribles, et sans les menaces des consuls, avertis à temps du complot ourdi par le kaïmakam, sans l'énergique bonne volonté du gouverneur militaire, elle aurait subi le sort de tous ses environs. Oh! la splendeur lugubre de ces nuits chaudes de printemps où l'on voyait les hameaux flamber au loin dans les montagnes. Et le kaïmakam auquel on les montrait avait l'audace de répondre que c'étaient de simples feux allumés par des paysans. Si quelques villages fortifiés, comme Dortyol, ont pu se défendre, Kessabe, Payas et tous les autres jusqu'à Antioche sont anéantis; et le « Niger », puis le « Jules Michelet » en ont recueilli les épaves, quelques milliers de survivants réfugiés dans la baie de Bazil, affamés au bord de la mer.

Quant à Antioche, le lundi matin 19 avril, les rédifs, ou soldats de réserve, étaient convoqués à la caserne pour aller à Adana arrêter les massacres. On leur distribue des Martini, mais quelle ironie, aussitôt armés ils se répandent en courant dans les rues, tuant tous les Arméniens qui s'y trouvent, organisant une chasse à l'homme palpitante, les poursuivant jusqu'à leurs maisons qu'ils forcent et qu'ils pillent. Cela dure tout le jour, puis la nuit à travers l'horreur des ténèbres jusqu'au lendemain matin, et cesse seulement faute de victimes. Celles-ci, surprises à l'improviste, n'ont pas pu esquisser la moindre résistance. Heureusement que la population arménienne est fort restreinte, car c'est ici peut-être que les massacres ont atteint leur maximum d'horreur. Dans une chambre se sont réfugiés vingt-sept hommes avec un prêtre et un évêque grégorien; à ceux-ci, qui refusent d'apostasier, on arrache la barbe en les scalpant; puis on égorge tout pêle-mêle, boucherie qui, m'assure un témoin, a complètement éclaboussé les murs jusqu'en haut. Les cadavres nus sont jetés dans l'Oronte après avoir été mutilés par les enfants.

Le 20, et le 21, les massacres continuent dans les jardins, où quelques familles se sont cachées. On les débusque une à une à coups de pierres, comme des bêtes, puis c'est fini; on a tué tous les hommes, jusqu'au dernier. Quant aux femmes, on respecte en général leur vie, mais c'est pour les emmener et leur faire subir un sort plus odieux que la mort. Notre consul, absent au moment du massacre, accourt en toute hâte à travers la région soulevée, mais trop tard. Il ne peut que réclamer les femmes quand il sait où elles sont. Un grand personnage turc est obligé d'en rendre dix-neuf : enfants ou jeunes filles, dont quelques-unes très jolies, qu'il conservait chez lui, oh! pour les protéger, assurait-il, avec ce cynisme effronté qui caractérise l'Oriental.

Les musulmans de la basse classe se vantent impudemment de leurs forfaits de tout genre; les notables, plus prudents, n'en causent qu'en petit comité : l'un d'eux dit en riant devant un Européen : « qu'à partir de dix ans, il n'y a plus de filles arméniennes, plus que des femmes ».

Ah ! je sais bien que nous sommes durs à émouvoir, que l'Arménie est loin, qu'on ne peut s'occuper de toutes les choses tristes du monde, qu'il faut bien vivre soi-même, lire des romans d'amour, aller au théâtre voir des situations pathétiques. Partout du drame, ceci en est aussi, et du vrai, du réel, du poignant... Mais c'est là-bas !... Et cependant qu'on songe à l'âme, au sort de ces enfants, de ces jeunes filles, de ces femmes, dont les pères, les frères, les fiancés, les maris furent massacrés, seules désormais au monde, seules avec leur désespoir, leur haine, leur honte; seules, non, mais qui sentent déjà en elles, peut-être, le fruit des violences infâmes contre lesquelles elles se sont débattues, tordues en criant; l'enfant du meurtrier d'un père, d'un frère, d'un époux, d'un fiancé; être abhorré, haï, et qui pourtant soulève leur cœur... leur enfant...

...Encore un détail : lorsqu'on a annoncé des inspecteurs de répression, le kaïmakam s'est empressé d'afficher, à l'usage de ses amis, un avis qui ferait sourire, si tant d'atrocités n'avait banni le sourire des lèvres pour longtemps, un avis charitable invitant « à déposer sans retard dans telle mosquée, pour éviter tout ennui de la part du gouvernement, les objets appartenant à des Arméniens qu'on aurait pris chez soi pour... éviter qu'ils ne fussent volés »... Vraiment, l'Orient a une façon exquise de dire certaines choses s'il a une façon horrible d'en commettre d'autres.

***

Mais ces massacres n'ont pas éclaté comme éclate un coup de fusil, par hasard. A qui donc incombent les responsabilités? Et les causes, quelles sont-elles? Les causes, j'en connais deux, l'une latente : la haine du chrétien en général, et de l'Arménien en particulier; l'autre directe et qui marque en même temps la responsabilité : l'ordre venu du sultan en personne, Abd-ul-Hamid II.

Quiconque a parcouru l'Orient ne peut ignorer la haine ouverte ou dissimulée du musulman pour celui qu'il appelle le « Roumi », ou le « Giaour », partout le « Kelb nousrani », le « chien de Nazaréen ». Que la classe élevée ait su souvent s'affranchir de ce sentiment, c'est à son honneur ; mais, au cœur du peuple, la haine demeure aussi profonde, aussi vivace qu'au temps des grandes conquêtes musulmanes.

Le Turc est toujours prêt à tuer le chrétien et, historiquement, il l'a prouvé — mais, quand il s'agit de l'Arménien, il est deux fois prêt. Car l'Arménien est un travailleur, il a le sens des affaires, il est riche, et partout où il se trouve en concurrence commerciale avec le Turc, il l'écrase. Celui-ci, plus négligent ou moins habile, trouve que le meilleur moyen de rétablir l'équilibre, c'est de piller de temps à autre son concurrent. Or, dans ce pays, piller c'est tuer. Avouons au demeurant que si l'Arménien a des qualités de sérieux, d'honnêteté, de travail, il est en général — il y a de nobles exceptions — fort peu sympathique. Race dure de caractère, même pour ses frères, sans générosité, âpre au gain, avare, faisant de l'or tout son idéal, méritant bien ce proverbe d'un cours journalier en Orient : « Un Grec vaut deux Arabes, un Juif vaut deux Grecs, un Arménien vaut deux Juifs ». Shylock n'était pas un Juif, car un Juif eût été trop lâche pour couper la livre de chair, un Arménien l'eût fait, je pense, sans hésiter. Mais si la sympathie ne vient pas à cette race naturellement, ses souffrances sans pareilles lui valent la plus profonde compassion.

Vivant avec une perpétuelle menace sur la tête, les Arméniens devraient éviter tout sujet de susceptibiliser leurs ombrageux voisins, toute cause de conflits. Pour être impartial, avouons qu'ils n'ont pas su entièrement s'en garder. L'assurance que donne l'argent, facilement les rendait orgueilleux et hautains, et, dans les derniers temps, un certain mouvement d'effervescence arménienne se manifesta, qu'il faut savoir reconnaître et juger.

Ici, se place le rôle de l'évêque grégorien d'Adana (1), qui assume une part de responsabilité, minime, je le veux bien, et inconsciente, — mais cependant réelle dans les terribles événements. Mgr Mouchegh est un homme tout jeune, fort élégant, portant — outre son anneau pastoral — chevalière au petit doigt et à la chaîne de montre une croix épiscopale réduite à la grandeur d'une breloque ; il s'impose par un visage admirablement beau. Quoiqu'il ait un peu les apparences du joli jeune homme à marier, je m'empresse d'ajouter que la calomnie ne s'est jamais, que je sache, attaquée à sa personne. Véritable intelligence d'ailleurs, doublée d'une grande activité, ayant fait beaucoup pour ses écoles et ses séminaires et très aimé de ceux qui l'entourent. Mais, en somme, ayant bien plus le caractère d'un chef de parti que le caractère d'un évêque.

Rêvait-il réellement de libérer son peuple de la domination turque, c'est possible. Comme preuve, on a beaucoup parlé d'une photographie le représentant en roi d'Arménie, ce qui semble tout d'abord un peu bien compromettant ; mais lorsqu'on ajoute qu'il était flanqué du pharmacien d'Adana en grand costume de vizir, on admettra volontiers que

(1) L'évêque d'Adana, comme presque toute la population arménienne, est *schismatique*.

cette innocente plaisanterie n'avait pas de portée. On a beaucoup exploité aussi une pièce jouée à Mersine à son instigation où l'on voyait au cinquième acte les Turcs mis à la porte non de la scène, mais de la Turquie par les Arméniens. Exagération contre laquelle l'évêque a publiquement protesté. Qu'il y ait eu dans cette pièce des allusions politiques et des aspirations de liberté, je le crois, mais cela ne me semble pas illégitime. Le plus grave reproche serait d'avoir férié la fête du roi des Arméniens. Mais, en somme, dans tout le rôle de l'évêque et du comité arménien, je ne pense pas qu'on puisse trouver trace de vrai complot, ni de trahison contre la Constitution ; qu'il y ait eu un peu d'exaltation de race, quelques paroles trop chaudes, des allusions blessantes pour l'amour-propre si sensible des musulmans, c'est indéniable et c'est malheureux. Car cette effervescence regrettable, diaboliquement encouragée en sous-main par des émissaires d'Abd-ul-Hamid, fut très habilement exploitée pour exciter le peuple aux massacres. En tout cas, cela ne saurait leur constituer une excuse, car les Arméniens, sujets ottomans, étaient justiciables, — à admettre qu'ils fussent coupables, — des tribunaux ordinaires, où l'on n'avait qu'à les citer. Ils méritaient des juges et non pas des bourreaux. Non, la vraie cause, la cause efficiente des massacres, fut la haine particulière d'Abd-ul-Hamid pour ce pauvre peuple. Haine inexplicable et mystérieuse, mais trop bien constatée par une série de crimes qui ont retenti lugubrement dans l'histoire, haine souvent exercée et jamais assouvie. Cet homme, de déterminations violentes, était — on peut en parler comme s'il était mort — était au fond un faible, plein de superstitions et de terreurs. Tourmenté de l'idée fixe qu'il périrait par les Arméniens, il voulait prendre les devants : c'était un duel terrible entre ce souverain tout-puissant et tout cruel, et cette race qui n'a que sa fécondité et sa vitalité comme défense. Les récents événements n'avaient fait qu'exciter sa colère, car les Arméniens, par leurs votes, avaient largement contribué au maintien de la Constitution. D'ailleurs, cette haine de l'Arménien est bien un peu commune à tous les Turcs, car, à Constantinople, la censure déchirait naguère toutes les pages des atlas envoyés à nos écoles françaises qui attribuaient à une province d'Asie-Mineure le nom pourtant justifié d'Arménie. Qu'il y eût une race d'Arméniens, il fallait bien le constater en attendant de l'anéantir, mais un pays d'Arménie, c'est ce qu'on ne voulait pas admettre.

Si le Turc, comme nous l'avons vu, est toujours prêt sur le conseil de ses prêtres à tuer un chrétien, surtout doublé d'un Arménien, lorsque le massacre est ordonné par le chef suprême, le commandeur des croyants, le Khalife, l'iman des imans, il devient un devoir de conscience, une obligation religieuse, une œuvre pie.

Le meurtre, c'est donc le Sultan qui le commande ; le carnage, le pillage et tous les excès qui s'ensuivent, ce sont les passions d'ordinaire sommeillantes, aujourd'hui réveillées qui y incitent la brute humaine, la brute asiatique. Voilà la psychologie en même temps que l'historique de ces massacres.

Mais si les récents massacres — très considérables numériquement mais très limités géographiquement — ont seuls abouti, il y a d'autres projets qu'il faut dévoiler. Il faut dire bien haut — pour une autre fois peut-être — ce qu'on semble ignorer ici, mais ce que savent tous ceux qui ont vécu en Orient à ce moment-là : c'est que la Turquie tout entière devait être mise à feu et à sang. Les massacres d'Adana n'étaient qu'un prélude, un amorçage à un massacre général des Européens dans tout l'empire. Plan diaboliquement machiné, et qui aurait pu, qui aurait dû aboutir ; vaste mouvement réactionnaire et religieux qui confondait dans une même haine et un même anéantissement tous les ennemis du sultan, les chrétiens qu'il détestait, et les partisans des idées nouvelles qu'il exécrait bien plus encore. S'attaquer aux réformateurs seuls, aux « Jeunes-Turcs » était dangereux, car ils avaient le privilège d'être musulmans et leurs idées prévalaient ; s'attaquer aux chrétiens seuls, c'était se mettre les puissances sur les bras ; mais les mêler ensemble dans un vaste égorgement à la faveur d'un double mouvement de réaction contre la Jeune-Turquie, et de fanatisme contre les chrétiens, c'était le seul moyen de ressaisir une autorité défaillante. Et pour comble d'habileté, on les aurait accusés de révolte simultanée.

Il savait d'ailleurs et par expérience, le rusé politique, que l'Europe n'agirait pas contre lui, et que, ne pouvant traiter ni avec l'anarchie, ni avec le parti Jeune-Turc anéanti, elle serait bien forcée de s'adresser à celui qui représentait encore l'autorité. Habile moyen de reconstituer sa puissance par le crime. Il en aurait été quitte, d'ailleurs, pour désavouer un mouvement, que sa conscience, eût-il affirmé, réprouvait hautement — et qui était dû à une effervescence religieuse que l'on n'avait pu enrayer. Au besoin il aurait cédé quelques provinces aux puissances pour les calmer, mais lui serait resté maître absolu à Constantinople.

Pour atteindre ce seul but et prolonger un peu son autocratie, l'ignoble vieillard n'hésitait pas un instant à faire massacrer des centaines de milliers d'êtres dont le pire valait mieux que lui, et à déchaîner le meurtre d'un bout à l'autre de son immense empire. Eût-il fallu sacrifier dix fois, cent fois, plus de vies humaines encore, qu'il l'eût fait sans hésiter. La vie d'autrui n'avait nul prix pour son monstrueux égoïsme. Car c'était son va-tout qu'il jouait là, c'était une dernière chance à courir ; il sentait très bien que l'irrésistible marée des idées nouvelles allait, par la seule force de son expansion, l'emporter. Donc il valait mieux risquer le tout, il n'avait rien à y perdre, et s'il tombait il aurait au moins la consolation de tomber dans du sang, et pour un vieux tigre comme lui, c'était plus doux, un linceul de pourpre chaude.

En conséquence, après avoir donné, pour assouvir sa vengeance personnelle, l'ordre des massacres arméniens, qui réussirent, il donna, pour sa propre conservation, — plus tard, trop tard, — celui du massacre général des chrétiens et à sa faveur des chefs du parti Jeune-Turc. C'est monstrueux, à peine croyable, mais cela est. Personne, pas plus à Constantinople que dans tout l'Orient, ne l'ignore. Cependant nous avons fait sur toutes ces choses un silence vraiment trop extraordinaire pour n'être pas intéressé.

Presque partout, les gouverneurs de province s'apprêtèrent à exécuter les ordres de leur auguste maître, mais les autorités militaires gagnées aux idées nouvelles et le puissant parti Jeune-Turc surent pénétrer les criminels projets et s'y opposer à temps. Parfois aussi, sentant le trône branlant, les valis hésitèrent... et survint la prise de Constantinople par l'armée qui sauva tout. Mais d'un bout à l'autre de la Turquie le massacre avait été préparé, il ne fallut pas moins qu'un changement de règne, sinon de régime, pour l'éviter.

Partout des émissaires furent lancés; à Smyrne, à Haïfa notamment, on en arrêta porteurs de sommes énormes. A Antioche, les massacres avaient été travaillés par un étranger de passage qui se disait mutéssarif, c'est-à-dire général. Avec de l'or on peut tout faire en Orient. Un notable de Damas me disait : « Point n'est besoin de pousser le peuple au massacre, c'est son idéal. Réunissez quelques fanatiques dans un jardin, prêchez-les, donnez-leur trente mille francs d'or à distribuer, le soir vous aurez des massacres », et c'est ce qui faillit avoir lieu une fois de plus dans cette grande ville, célèbre par ses atrocités passées. Le vali y avait tout préparé, jusqu'aux plus petites circonstances. Il fit échapper les prisonniers, qui se répandirent dans les bazars, procédé connu pour déchaîner la panique d'où doivent naître les coups, les rixes, les meurtres. Mais il comptait sans le gouverneur militaire : Osman Pacha. Cet homme énergique lança des troupes sûres à la poursuite des fugitifs avec ordre de les tuer sur place s'il le fallait, ce qui fut fait. Et mandant en hâte les ulémas, il leur enjoignait de calmer immédiatement le peuple sous peine de voir bombarder le quartier musulman au premier meurtre de chrétien. On le savait homme de parole et en un instant tout fut apaisé. On l'avait échappé belle.

Pour qui resterait sceptique à l'idée de cette foule aussitôt calmée, qu'on me permette de citer le fait suivant. C'était à Diarbékir, en 1895, on massacrait depuis trois jours,... le consul en danger lui-même adresse un appel désespéré à notre ambassadeur. « M. Cambon parle haut et menace d'envoyer l'escadre à Alexandrette. Aussitôt arrive à Diarbékir une dépêche du palais ; à six heures des coureurs partis du gouvernement se précipitent dans les rues en criant, « Iassak ! » « c'est défendu » — à sept heures tout était fini (1) ». Exemple bien plus probant car il est autrement difficile d'arrêter une foule qui s'est ruée à la mêlée, qui a déjà goûté le sang.

L'on est heureux de rendre hommage à des caractères tels que celui d'Osman Pacha, que le kaïmakam de Mersine et bien d'autres dont l'énergie a sauvé des milliers de vies. Par contre, il est pénible d'entendre dire que le fils du grand émir Abd-el-Kader, de celui qui, lors des derniers massacres de Damas, ouvrait ses portes grandes aux chrétiens, prêt à les protéger et les défendre avec ses Algériens jusqu'à la mort, il est triste d'entendre dire que son fils, — toute la rumeur publique l'en accuse, — a reçu de grosses sommes d'Yldiz-Kiosk pour pousser au massacre à l'aide du prestige de son nom. Quant au vali, Nazim Pacha, ancien chef de la gendarmerie, ancien organisateur des massacres de Constantinople, son rôle est tellement clair que le journal de Damas, le *Moxtabas*, osait l'attaquer lui, gouverneur, publiquement, le traiter de « créature la plus fidèle d'Abd-ul-Hamid », et lui reprocher d'avoir « encouragé au massacre comme à un acte de patriotisme et de religion ».

Alep, au contraire, a été sauvée par l'énergie de l'autorité et de nos consuls, mais il y a eu des assassinats et des paniques terribles. Le meurtre était suspendu en l'air, on se demande encore comment on y a échappé. Et partout on a ressenti la même secousse. En Phénicie, où je me trouvais alors, à Tyr, à Sidon, petites villes bien tranquilles, bien éteintes malgré leur grand passé, les parents n'ont pas laissé sortir leurs enfants pendant trois jours ; on se tenait chez soi, inquiet, sentant, sans rien savoir pourtant de l'Arménie, qu'un désastre était imminent. A Haïfa, le gouverneur aurait répondu aux Européens qu'en cas de trouble il ne pouvait répondre de la sécurité ; en conséquence, la colonie allemande s'arma et un mouvement de fuite s'organisait déjà vers le Carmel qu'on put enrayer, heureusement, car rien n'est plus dangereux qu'un tel exode.

A Jaffa, deux hommes du peuple furent envoyés par le comité hamidien pour provoquer une rixe qui aurait été le signal du massacre. Ils forcèrent une boutique grecque, espérant bien recevoir des coups, mais le Grec s'enfuit sans riposter ; dans leur fureur, il était nuit, ils s'atta-

(1) *La politique du Sultan*. M. V. Bérard, p. 61.

quèrent à un Fransciscain qu'ils blessèrent, mais qui s'échappa sans se défendre. Les consuls réunis se rendirent, malgré l'heure, au sérail et exigèrent l'arrestation immédiate des complices. On avait eu cette audace quoique tous les officiers fussent Jeunes-Turcs, et que le comité très fort et très armé fût préparé à se défendre de concert avec les Européens. A Jérusalem même l'ordre du massacre serait parvenu, et certaines personnalités européennes l'auraient vu, dit-on. Mais d'accord aussi avec les officiers, le comité Union et Progrès occupait le télégraphe et s'en saisit aussitôt.

A Smyrne, il y eut de grandes agitations; à Beyrouth, ville quasi européenne et l'on pourrait presque encore dire demi-française, une peur terrible étreignit toute la population.

Mais c'était de Constantinople que le mouvement devait partir. Il y commença même par le meurtre de deux cents officiers, aux idées trop libérales, fusillés dans les casernes par leurs propres soldats. Ceux-ci avaient été, naturellement, soudoyés par le sultan; des caporaux devaient devenir généraux et tels pouilleux, qui n'auraient pas dû avoir un « becklick », furent trouvés porteurs de centaines de francs. Pendant plusieurs jours, la ville appartint à ces forcenés et une dépêche, quoique officielle, avouait que « la fusillade dans les rues, en signe de réjouissance, avait causé une dizaine de morts et une vingtaine de blessés »; il n'eût fallu qu'un mot pour les déchaîner contre la population européenne. Ce mot-là, le sultan, averti que les troupes de Salonique, appelées par le Comité Union et Progrès au secours de la Constitution menacée, marchaient sur Constantinople, se décida à le prononcer. L'armée devait atteindre la capitale le mardi, on ordonna donc le massacre pour le dimanche à midi. Cette organisation du mal semble impossible, et cependant elle fut, et, après tout, elle n'était qu'une répétition des grands égorgements de Constantinople, en 1896.

Quelqu'un de l'entourage impérial, la sœur même du sultan, a-t-on dit, ayant surpris l'épouvantable secret, en fut terrifiée et le divulgua. L'armée de Salonique, avertie de se hâter si elle ne voulait pas arriver trop tard, parvint le dimanche matin, exténuée, harassée, juste à temps pour sauver la ville. Quelques heures de plus et c'en était fait. On assure même qu'elle se heurta aux premières bandes de « Hammals », qui montaient du port à Pera et auxquels les gardiens des maisons devaient ouvrir les portes et indiquer les chrétiens.

Ainsi, de Constantinople à Jérusalem, les massacres avaient été préparés, et il ne fallut pas moins qu'un coup d'Etat pour les faire avorter. L'orage s'était lentement amassé, et avait couvert tout l'horizon, quelques éclairs, quelques meurtres avaient même saigné çà et là.

Soudain, lorsqu'il n'y avait plus d'espoir, un grand souffle se leva, — la révolution militaire, — qui chassa tout.

Mais, ceux qui furent là-bas, et qui surent voir, se souviennent qu'il fit sombre et lourd d'angoisse.

Quoi qu'on puisse penser de ses théories révolutionnaires et qu'on partage ou non toutes ses idées, il faut reconnaître que c'est le Comité Union et Progrès qui nous a sauvés. C'est lui qui a mandé l'armée de Salonique, qui, avec une énergie, une promptitude, une décision incroyables chez des Orientaux, s'est emparé de tous les rouages administratifs, surtout de ce terrible télégraphe, qui lançait des ordres mortels; et, par un coup d'audace inouï, est sorti victorieux de son duel à mort avec le grand organisateur des massacres, le grand responsable, le grand Assassin.

Ah ! quand on songe à ces massacres d'aujourd'hui, puis à tous ceux de jadis, qui sont d'hier plutôt, et qui sont les siens, quand on songe au carnage qu'il voulait déchaîner, demain, dans toute la grandeur de son empire, quand on suppute ce long martyrologe, ces centaines de milliers de victimes, qui sont son œuvre patiente et réfléchie, alors monte du cœur une haine juste, implacable et terrible contre cet homme maudit : le Sultan Rouge.

En le voyant, traqué dans son palais désert, apeuré au milieu de ses femmes et, tremblant à l'idée de la mort, — lui qui a tant fait mourir, — se blottir dans le manteau vert du Prophète qui rend inviolable, peut-être avez-vous eu pitié de ce vieillard. Pitié de lui, pitié de lui qui n'épargna personne, et de sa main tuait, sur un soupçon, ses amis, ses femmes, ses enfants, pitié de lui qui n'eut jamais pitié, non, non !

Voyez-le, avec joie, appuyer son front las aux vitres de sa villa désenchantée, au bord d'une mer triste qui lui fait pleurer le Bosphore, puis marcher dans les salles, voûté et grelottant sous ses crimes comme sous une averse de sang, et méditant encore de faire le mal.

Ah ! qu'on le garde bien cet homme, terrible tant qu'il vivra, et dangereux comme un poison, mais qu'on ne le tue pas, cependant; le tuer, ce serait trop beau, il mérite pire. Il faut le laisser mourir un peu chaque jour et goutte à goutte, d'inquiétude, et d'angoisse et de peur. Jamais il ne saurait expier assez longuement toutes les agonies qu'il a causées.

Qu'il sente le mépris et la haine aux yeux de ses enfants et au cœur de ses femmes, que les cris de ses victimes emplissent ses oreilles pendant les longues insomnies, que son âme soit rongée de remords comme d'un épouvantable ulcère.

Et que l'histoire même le rejette, tout en gardant le souvenir de ses forfaits. Qu'il s'en aille s'effaçant dans le passé, silhouette sombre et mesquine, triste génie du mal, ayant fait plus de victimes peut-être que Néron et Caligula, et n'ayant même pas, pour se grandir, leur piédestal de crimes et leur renom d'horreur.

BAR-SUR-SEINE. — IMP. Vᵉ C. SAILLARD.

www.ingramcontent.com/pod-product-compliance
Lightning Source LLC
LaVergne TN
LVHW050501160826
845677LV00003B/879